LA FEMME MODERNE

✢

CATALOGUE
DE
L'EXPOSITION
DES
Nouvelles Œuvres
DE
Ferdinand BAC
OUVERTE
A LA BODINIÈRE
18, RUE SAINT-LAZARE, 18
du 26 Mars au 20 Avril 1895

PARIS
H. SIMONIS EMPIS, ÉDITEUR
21, RUE DES PETITS-CHAMPS, 21
1895

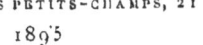

ur tous les renseignements, s'adresser à M. LASSALLE, secrétaire.

H. SIMONIS EMPIS, Éditeur, 21, rue des Petits-Champs, PARIS

COLLECTION D'ALBUMS FORMAT GRAND IN-4°, A 5 FR.

La Femme intime, par Ferdinand Bac. . . . . 1 album
Les Fêtes galantes, par Ferdinand Bac. . . . . 1 album
Nos Femmes, par Ferdinand Bac . . . . 1 album
Des Bonshommes (1re série), par Albert Guillaume. . . 1 album
Des Bonshommes (2e série), par Albert Guillaume. . . 1 album
P'tites Femmes, par Albert Guillaume . . . . 1 album
Mémoires d'une Glace, par Albert Guillaume. . . . . 1 album
Faut voir, par Albert Guillaume. . . . . 1 album

En Préparation :

Les Alcôves, par Ferdinand Bac. . . . . 1 album
Mes Campagnes, par Albert Guillaume. . . . . 1 album

Album de Forain. . . . . 6 fr. »

LES BALS TRAVESTIS ET LES TABLEAUX VIVANTS
SOUS LE SECOND EMPIRE
Par PIERRE DE LANO
Ornés de 25 Aquarelles hors texte de LÉON LEBÈGUE
Un beau volume-album grand in-8. . . . . 15 fr. »

Propos d'un Écuyer
Par F. MUSANY
Ornés d'une trentaine d'illustrations hors texte et dans le texte, par H. DOLDIER
Un beau volume in-8 . . . . . 7 fr. 50

Les Grands Enterrements
Par BAZOUGE
AVEC DESSINS HORS TEXTE
DE FORAIN, GUILLAUME, STEINLEN, HEIDBRINCK, LEGRAND, WILLETTE
Un joli volume in-8 . . . . . 3 fr. 50

La Soupeuse, fac-simile d'aquarelle de Ferdinand Bac. . 5 fr. »
Affiches de Bac. . . . . *Prix divers.*

Smith lesuef
Salle
7452

PRÉFACE

En réunissant en une exposition sous ce titre : La Femme moderne, ses œuvres des deux dernières années, Bac nous donne d'un mot le fond de sa pensée et le secret de ses aspirations. Mais encore faut-il s'entendre sur le sens précis de ce mot.

Quelle est-elle donc, la femme moderne ? Est-elle une formule spécialement inventée pour notre aujourd'hui fugitif et fragile ? est-elle la résultante d'un siècle dont la fin s'afflige de neurasthénie ? est-elle une exception caractérisée dans l'histoire physiologique de l'humanité ? Nullement : la femme moderne est de tous les temps. A toutes les époques il y a eu des femmes qui n'étaient pas modernes, des femmes qui se contentaient de n'être que des femmes.

La femme moderne est celle qui se façonne de la mode, qui s'enveloppe d'artifice, qui renonce à être ce que la nature voudrait qu'elle fût, pour adopter une extériorité d'allure et une intimité de sentiments qu'elle n'a que de seconde main. Ce n'est pas une inspiratrice : elle ne sait qu'imiter, ou, si vous voulez, *interpréter; ce n'est pas une dirigeante : elle est une élève extraordinairement soumise aux tyrannies d'une discipline capricieuse, qu'elle subit avec recherche; ce n'est pas une personnalité, quant au caractère : elle est seulement originale, à orce d'adresse, de souplesse et de complication.*

C'est cette femme-là que Bac a étudiée avec une intelligence très rare de la psychologie; c'est elle que son pinceau et son crayon ont fixée en des pages d'album d'une séduction par ois enchanteresse. Mais avant de s'attaquer à la femme moderne de son temps, Bac est allé demander à Watteau, à Lancret, à Fragonard, simplement comme terme de comparaison, quelle avait été la femme moderne du XVIIIe siècle; et je ne gagerais pas qu'il n'a pas fait la même enquête, mais seulement littéraire, auprès de ce chroniqueur étincelant, de cet historiographe éternellement jeune des Aspasies antiques, Lucien, pour l'appeler par son nom.

Il a appris d'eux que la femme moderne était mieux et moins que jolie; qu'elle était capiteuse; qu'elle avait dans l'élasticité sensuelle de ses formes un je ne sais quoi d'irrésistible; que ses chairs au toucher doux et tiède, fondant presque sous la main, éveillaient des frissons où la volupté avait plus de part que la sensation esthétique; que dans les retroussis des nuques et la torsade des cheveux, un fluide étrange courait, appelant les curiosités du pur instinct; que le velouté des épaules et les ombres arrondies de la gorge excitaient des attirances auxquelles les lèvres n'étaient pas rebelles; que les bras étaient moins beaux de leurs lignes pures que du jeu de leurs muscles bavards aux enlacements; que les yeux étaient moins brillants des étoiles du ciel que des braises de l'enfer; que tout ce qu'on laissait voir, tout ce qu'on voulait faire deviner n'était qu'œuvre savamment, consciencieusement préparée, en vue d'un but, un but unique, où l'évolution de la vie avait moins de part que l'obéis-

sance servile à une convention, à une hypocrisie mondaine.

Pour en arriver là, la femme moderne a fait une étude approfondie de son moi. Elle concède à la pudeur courante, la pudeur traditionnelle, qu'elle a apprise enfant, vaguement, mystérieusement, une sorte de respect fait d'habitude et d'entêtement ; mais cette pudeur se borne à un strict élémentaire sans lequel elle ne serait plus qu'un mot dépourvu d'acception précise.

En revanche elle a appris, quelquefois dès l'adolescence, dès le premier duvet, comme on peut rendre propres aux licences passionnelles tous les coins de son être qui certes n'avaient point cette destination spéciale. Dans le chatoiement des étoffes, dans la discrétion des jupes, dans l'imprévu des corsages, dans l'armature savante de son appareil de coquetterie, elle tient à être... transparente, et elle y réussit : si les convenances lui défendent de sortir, comme la Vérité de son puits, dans une nudité dont son orgueil de Belle Madame pourrait souvent souffrir, elle sort des mains de sa camériste en fournissant à l'observateur tous les moyens de comparaison qu'il peut souhaiter ; et, lorsqu'une invisible particularité ne peut se révéler par cet examen pourtant attentif à l'excès, elle prend souci de ne la point laisser ignorer. Et comme elle sait la puissance nerveuse qu'elle exerce, elle se fait délicieuse de feinte indifférence et d'abandon... qui ne s'abandonne pas. Elle est charmeuse, dans toute l'acception du mot ; charmeuse jusqu'à se faire aimer pour de bon, charmeuse jusqu'au crime. Et pour cela il lui a suffi parfois d'échancrer un peu plus son corsage ou de lever les bras.

Bac l'a suivie un peu partout, dans l'intimité de son boudoir et dans la solennité de sa représentation mondaine, à la ville et à la campagne, dans le fourreau du voyage et dans le déshabillé des stations balnéaires, le matin et le soir, à midi et à minuit. Il l'a surprise, un peu malgré elle, dans ses brutalités vicieuses, dans ses chatteries perverses ; il lui fait, en re-

tour, la grâce de s'arrêter à ses espiègleries drôles, à ses naïvetés polissonnes, à ses roublardises ingénues; il nous la présente toujours armée pour la lutte, quel que soit le costume, et sûre toujours de la conquête. Avec un esprit qui ne se dément pas, un esprit où l'ironie ne se fait pas trop cruelle, où le scepticisme garde encore des illusions pour les enchantements de la chair et peut-être du cœur, il ne s'applique pas à juger la femme moderne : il dépense au contraire tout son talent à l'excuser, et il est dans la vérité.

La femme moderne est une éternelle pardonnée !

L. ROGER-MILÈS.

5 mars 1895.

Peintures et Aquarelles

1. La femme au carton de gravures.
2. Une lorette.
3. Une femme qui se chausse.
4. Étude de femme en robe rose.

5. Un regard au miroir.
6. La femme au manteau tombé.
7. Devant sa table de *travail*.
8. La femme au corsage rouge.
9. Domino ramassant un éventail.
10. La liseuse endormie.
11. La soupeuse au loup noir.
12. La petite fille riche.
13. Coin de flirt après dîner.
14. Entrez, Messieurs, entrez...
15. La femme au coussin bleu.
16. La Hollandaise.
17. La modiste.

Les Fêtes Galantes

Épreuves.

18. Couverture de l'Album : *Les Fêtes galantes*. 18bis

19. L'enfant prodigue. . . 19bis
 — Voilà ce que ton père te met à la *Petite correspondance* : « Émilie C..., malheureuse enfant, sera pardonnée si rentre de suite. »
 — Oui, je connais ça : la raclée...

20. Vacances conjugales. . 20bis
 — Comme vous êtes jeune aujourd'hui ?
 — Je vous crois... Je viens de conduire ma femme à la gare.

21. Sa famille 21bis
 — Est-ce que c'est aussi ton père, celui-là ?
 — Mais, parfaitement !

22. Demi-vierge 22bis
 — Si encore j'étais sûre d'être la première...
 — La première, non ; mais la seconde...parole d'honneur !

23. Les suspects 23bis
 — Lâche-le, va, il doit être de la police...
 — Pourquoi donc ?
 — C'est le seul qui ait rigolé au bal de l'Opéra...

LES PLONGEURS

— Faut-il vous aider?
— Non, mais je vous permets de baisser les yeux.

(*Spécimen réduit d'une planche de l'Album : Les Fêtes galantes.*)

		Épreuves.
24.	Les marchés honteux.	24bis

— Embrasse-moi ou je dis tout.

25\. Pauvres petiots 25bis

— Elles sont toutes fanées tes violettes.
— Ah! ça se peut bien... Il y a si longtemps que *nous* sommes à la pluie.

26\. Gros et détail 26bis

— Alors, tu gagnes tant que ça dans les draps? Tu as de la veine, toi!

27\. Psychologie de l'office 27bis

— Dire que dans cinq minutes ils vont peut-être se traiter de muff's...

28\. Les femmes de peu. 28bis

— Tu ne vas pas te sauver comme ça?
— Mais si, laissez-moi... Y a ce gros, là-bas, qui me fait de l'œil avec du champagne...

29\. Leur candeur 29bis

— Je parie que tu ne devines pas que c'est moi!

30\. Extraction sans douleur 30bis

— J'crois qu'il bouge,..
— Qu'ça fait? On lui dira qu'on le chatouille.

31\. Le temps des cerises 31bis

— Dis-moi que tu m'aimes.
— Peux pas... j'ai la bouche pleine.

32\. Les maris coupables 32bis

— Vous savez, votre mari m'a invité à dîner.
— Ça, c'est gentil de sa part... J'allais avoir des remords.

33\. Inquiétude 33bis

— Il épluche l'addition... C'que je vais me trotter!

34\. Manœuvres d'automne 34bis

— Voulez-vous un conseil, Théophile? Devenez contemplatif!

35\. Les plongeurs 35bis

— Faut-il vous aider?
— Non, mais je vous permets de baisser les yeux.

36\. Les femmes savantes 36bis

— ... Ça n'empêche pas qu'à dix-sept ans, j'avais mes deux brevets...

37\. Au clair de la lune 37bis

— Oh non... que penseriez-vous de moi?
— Jamais tant de mal qui si vous me laissiez à la porte.

38\. La puissance des ténèbres 38bis

— C'est bien pour vous faire plaisir, mais vous savez ce que je vous ai dit.

39\. Dos de la couverture de l'album des *Fêtes galantes* 39bis

LES DAMES PASTELLISTES

— Il va hurler, mais tant pis!

(Spécimen réduit d'une planche de l'Album : La Femme Intime.)

La Femme Intime

LA FEMME INTIME

Album

ABSOLUMENT INÉDIT

PAR

Bac

PRÉFACE DE

MARCEL PRÉVOST

H. SIMONIS EMPIS
ÉDITEUR

Épreuves.

40. Couverture de l'Album : *La Femme Intime*. 40bis

41. Les mauvaises rencontres. 41bis
— Prenez l'escalier de service.

42. Les lendemains. . . . 42bis
— Comme vous devez me mépriser...

43. Les contrastes 43bis
— D'abord, moi, je suis pour le sentiment.

44. Les marivaudages. . . 44bis
— Tu ne me quitteras jamais, dis ?

45. Érudition 45bis
— Il paraît que les Romains s'en servaient comme cure-dents.

46. Où peut-on être mieux que loin de sa famille. 46bis
— Si je m'écoutais, je ne rentrerais que demain matin.

47. Ames solitaires 47bis
— Ils avaient bien besoin de me faire épouser un marin.

48. Les dames pastellistes 48bis
— Il va hurler, mais tant pis.

49. Les absents ont tort 49bis
— Il ne sait pas ce qu'il a manqué.

50. Les ratés. 50bis
— V'là qu'il divorce... je lui ai toujours dit : Vous promettez beaucoup, vous tenez peu.

51. Les dernières pudeurs 51bis
— Inutile de vous retourner, vous ne verrez rien.

52. La fortune vient en dormant. 52bis
— J'ai rêvé que j'étais vieille et riche.

53. Les crimes impunis. 53bis
— Si je savais son adresse, il n'y couperait pas.

54. Le grand jeu. 54bis
— Il faut que je me méfie de l'homme brun.

		Épreuves.
55.	Dimanche matin.	55bis

— Quand il m'aura retirée du magasin, j'en ferai tous les jours autant.

56. C. D. Poste restante. 56bis
— Quoique inconnu de vous...

57. Les Jocrisses. 57bis
— Il ne se doute de rien : il m'a appelée menteuse.

58. De profundis. 58bis
— Jamais je ne serai prête pour cet enterrement.

59. Les vengeances anticipées. 59bis
— Si je savais qu'il me trompe, j'en prendrais deux.

60. Les teintures. 60bis
— Oui, la rosée des fées : c'était pas cher, mais ils devenaient vert pomme.

61. Les artifices 61bis
— Ils ne se doutent pas du mal qu'on se donne.

62. En vente à Amsterdam. 62bis
« ... Le chevalier entra comme un coup de vent chez la jolie friponne... »

63. Prudence est mère de la sûreté. 63bis
— Je vais le lâcher après le terme.

64. Secret professionnel 64bis
— Son mari sera volé : je le tiens de la masseuse.

65. Les indélicats. 65bis
— Pas seulement un bouquet de deux sous !...

66. Extinction des feux. 66bis
— Vous me laisserez dormir...

67. Dos de la couverture de l'Album : *La Femme Intime*. . . 67bis

Nos Femmes

NOS FEMMES

Album

EN COULEURS

PAR

Bac

PRÉFACE

DE

Maurice Donnay

H SIMONIS EMPIS, Éditeur

		Épreuves.
68.	Couverture de l'Album: *Nos Femmes*. . . .	68bis
69.	Contrariété.	69bis

— Est-ce qu'on voit à travers les planches?
— Oh! je ne crois pas, Madame.
— C'est ennuyeux... Il faudra les faire arranger.

70. Les profanations . . .   70bis

— Verra-t-on tout de même que j'ai la taille mince?

71. Divorcée. . . . . . .   71bis

— Dis, m'man... ce beau monsieur, là-bas, est-ce qu'il n'est plus mon papa?

72. Les excuses. . . . . .   72bis

— Qu'est-ce que tu leur avais dit, la dernière fois?
— Que maman arrivait...
— Eh bien! écris-leur qu'elle part.

73. Leur exactitude . . . . 73bis

— Il m'attend pour 4 heures... Il est 4 heures 1/2 ; j'ai une bonne heure devant moi...

74. Leur logique. . . . . 74bis

— Regarde donc, d'Albert qui s'affiche avec « Rayon de lune ».
— C'est dégoûtant!
— Oui, mais... là-bas, sa femme qui attèle à quatre.
— Eh bien... et après...!!

75. Les exceptions. . . . . 75bis

— A propos, ma fille, vous ne connaissez pas encore les habitudes ici... Pendant mon bain, je n'y suis pour personne.
— Ah ?... Bien, madame.

76. « Arriverai onze heures ». . . . . 76bis

— ...Maintenant il peut venir...

77. Un tour de valse. . . . . 77bis

Départ. — Si ce n'était pas la femme d'un camarade....
— Si ce n'était pas le mari d'une amie...
Arrivée. — Après tout qu'est-ce que ça fait?

78. Les confesseurs laïques. . . . . 78bis

— Enfin, vous lui reprochez de vous avoir... négligée.
— Oh! non, monsieur, c'est la seule chose qui m'aurait attachée à lui.

LES BONNES MAISONS

— Il va venir un monsieur.. C'est mon mari... Vous le ferez entrer...
— Que Madame se rassure... On est discret comme une tombe!

(*Spécimen réduit d'une planche de l'Album :* Nos Femmes.)

		Épreuves.
79.	Les imprudences.	79bis

— Comment s'en est-il aperçu?
— Voilà : il est chauve, et elle lui passait la main dans les cheveux...

80. Les innocences d'après demain 80bis

— Mademoiselle est fâchée avec M. Gaston?
— Oui : ce matin il a pas pris sa lorgnette pour me voir baigner.

81. Les compensations. 81bis

— Vous n'étiez pas chouette en première communiante!
— C'est vrai, mais aussi... je ne vous connaissais pas...

82. « Allons-nous-en bien loin... ». 82bis

— Alors, c'est ça, une nuit de noces...!

83. Sinistre maritime. 83bis

— Celle en mauve voyage pour affaires.
— Et l'autre?
— Pour son plaisir.
— Ça se voit!

84. Les bonnes maisons 84bis

— Il va venir un monsieur... c'est mon mari : vous le ferez entrer...
— Que madame se rassure... on est discret comme une tombe!

85. Bonheur incomplet. 85bis

— Alors, vous ne m'épouserez jamais!
— Plaignez-vous! Je vous « accorde ma main » chaque fois que je viens ici!...

86. Soirées de musique. 86bis

UN MONSIEUR. — Ce qu'elle en pince!
UN AUTRE. — Ce que j'en pince!
UN TROISIÈME (à un ami). — Si on m'y repince!
L'AMI (montrant la maîtresse de maison qui a entendu). — Pincé!

87. On lit dans le *Figaro*. 87bis

« Le Comte et la Comtesse de *** ont inauguré hier leurs réceptions d'automne dans leur château de Seine-et-Oise. La fine fleur du Tout-Paris s'y était donnée rendez-vous... »

88. Un mari s. v. p. 88bis

— Il m'a encore plaquée pour Irma.
— Parbleu, tu ne sais pas te laisser tomber, toi...

89. Dos de la couverture de l'Album : *Nos Femmes*. 89bis

90. Bataille de confettis. 90bis

BATAILLE DE CONFETTIS

(Spécimen réduit de l'héliogravure : Bataille de Confettis.)

Divers

91. Étude de femme (crayon conté).
92. Un domino mauve.
93 L'intrépide chasseresse.
94. Un service sous une porte cochère.
95. Une abonnée à l'Opéra.
96. Fin de non recevoir.
96. Lawn tennis.
97. Avant le bain.
98. Le coucher de la modiste.
99. Une liseuse.
100. Le carton aux gravures (crayon conté).
101. La maternité (carton pour un vitrail).
102. I. Les mauvaises paresses.
     II.   Idem.
103. Une femme qui se cache.
103. Une rieuse.
104. La danseuse au voile.
105. La baigneuse au masque.
106. Encadrement.
107. La dame aux poupées.
108. I. Un moine de mardi gras.
     II.   Idem.
109. Un dernier mot.

110. La femme moderne (original de la couverture du Catalogue).
111. L'hypnotiseur.
112. Fleur de noblesse.
113. Un réveillon.
114. Cabinet particulier.
115. Au foyer de la danse.
116. Épreuves du catalogue.
117.   *Idem.*
118.   *Idem.*
119.   *Idem.*

TOUT LE THÉATRE

120. Couverture de l'Album : *Tout le Théâtre.* — 121. Les Coquelin. — 122. Rose Caron. — 123. Got. — 124. Sybil Sanderson. — 125. Mounet-Sully. — 126. Sarah Bernhardt. — 127. De Reszké. — 128. Réjane. — 129. José Dupuis. — 130. Jane Hading. — 131. Dailly. — 132. Reichemberg. — 133. Baron. — 134. Jeanne Granier. — 135. Albert Lambert, fils. — 136. Simon Girard. — 137. Cooper. — 138. Biana Duhamel. — 139. Galipaux. — 140. Mathilde. — 141. Dos de la couverture de l'Album : *Tout le Théâtre.*

Affiches

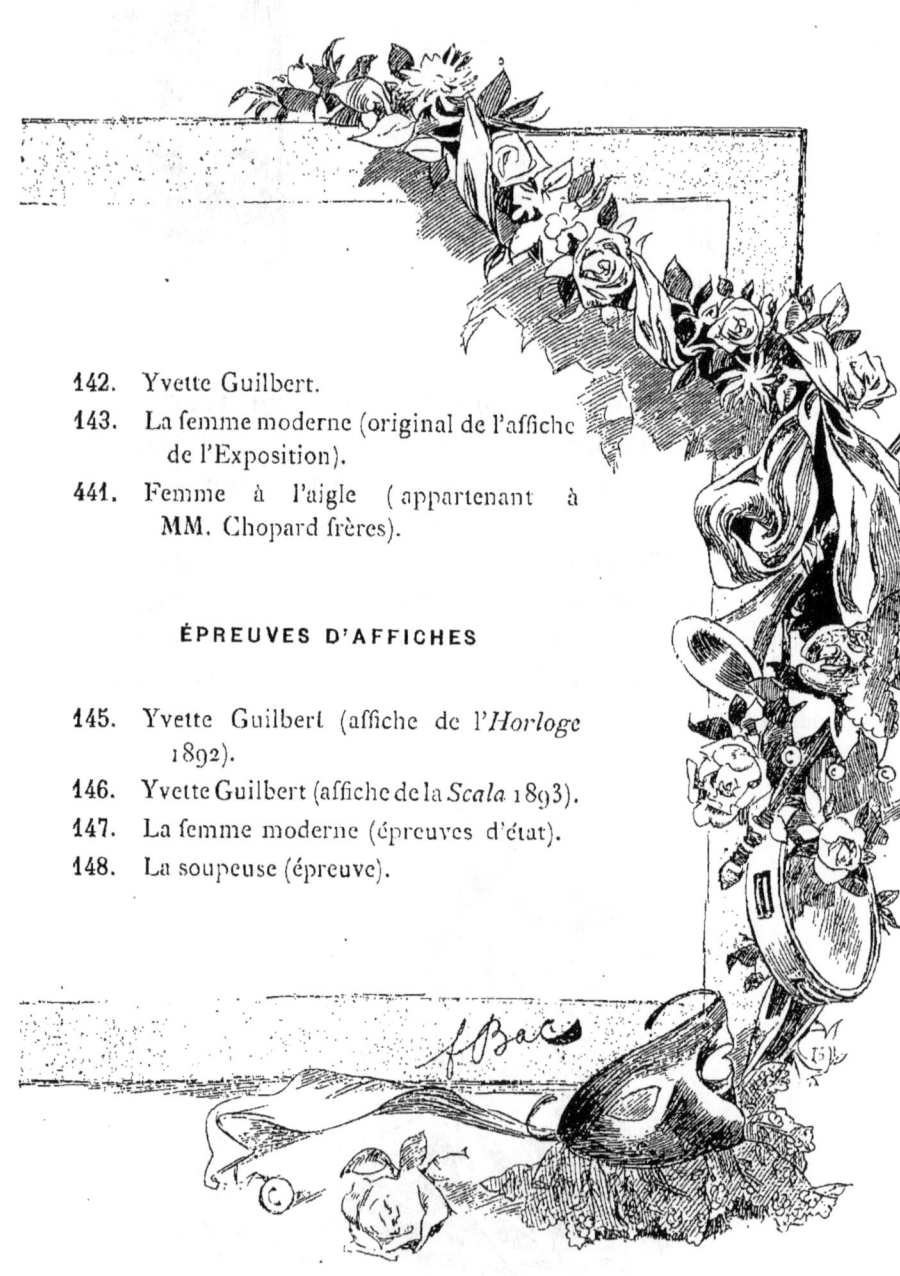

142. Yvette Guilbert.
143. La femme moderne (original de l'affiche de l'Exposition).
441. Femme à l'aigle (appartenant à MM. Chopard frères).

ÉPREUVES D'AFFICHES

145. Yvette Guilbert (affiche de l'*Horloge* 1892).
146. Yvette Guilbert (affiche de la *Scala* 1893).
147. La femme moderne (épreuves d'état).
148. La soupeuse (épreuve).

L. BORDIER

PARIS — 21, Rue de l'Estrapade, 21 — PARIS

HÉLIOGRAVURE

TAILLE-DOUCE

PHOTOGRAVURE DEMI-TEINTE ET TRAIT

REPRODUCTIONS ARTISTIQUES ET INDUSTRIELLES

Les clichés de ce Catalogue sortent de la Maison BORDIER

PARIS, 37, Rue Galande, 37, PARIS

COLORIS ARTISTIQUES EN TOUS GENRES

Spécialité d'Albums, de Couvertures de Livres et de Journaux illustrés

PROCÉDÉS ABSOLUMENT NOUVEAUX

POUR

REPRODUCTIONS D'AQUARELLES

TRAVAUX DE LUXE

COLORIS ARTISTIQUES

POUR

Menus, Éventails, Titres de Musique, Gravures de Modes
Catalogues, etc.

La Maison GRENINGAIRE, par ses ateliers considérables de Paris et de Fontenay-aux-Roses, et par le nombreux personnel qu'elle emploie, est à même d'exécuter des travaux de grande importance, ainsi que les coloris pour publications périodiques avec une extrême célérité.

Les reproductions de dessins en couleurs contenues dans ce catalogue sortent de la Maison GRENINGAIRE

Maison LAVERGNE, fondée en 1873

57, 59, 61, Passage Jouffroy

(Entrée : Boulevard Montmartre)

SPÉCIALITÉ

DE

Bouquets de Mariées

Corbeilles de Tables

GERBES — PLANTES

ABONNEMENTS

POUR

Corbeilles de Fiançailles

POUR

THÉATRES

etc.

Bouquets de Corsages

COTILLONS

etc.

Couronnes en tous genres

SPÉCIALITÉ POUR SOCIÉTÉS

Le Bon Marché exceptionnel et le soin artistique que la Maison, dont la renommée date de plus de 20 ans, apporte dans tous ses travaux, permettent de garantir entière satisfaction pour tous les ordres que l'on veut bien lui confier.

SUR DEMANDE
L'ON SE REND A
DOMICILE

CH. DOSBOURG

Bureaux et Ateliers
3, RUE HOUDON (Place Pigalle), PARIS

DORURE

En tous genres, Bâtiments, Meubles, Cadres

CADRES DE TOUS STYLES, OR FIN ET GENRE VIEIL OR

Cadres guillochés en bois et Imitation bois

ENCADREMENTS ARTISTIQUES DE DESSINS

AQUARELLES ET PASTELS

Rentoilage et Restauration de Peintures

FABRIQUE DE MOULURES

en chêne et Bois de toutes essences, unies, sculptées et guillochées

BAGUETTES CHIMIQUES

LA BODINIÈRE

Matinées-Causeries

MAURICE LEFEVRE

SAISON 1895

CINQUIÈME ANNÉE

Mlle AUGUEZ et M. COOPER, des Variétés.	Au temps de la Romance. (Costumes 1830).
Mlle AUGUEZ et Chœur d'enfants.	Les naïves Chansons, recueillies par MM. Julien Tiersot et Weckerlin. (Costumes des provinces françaises).
Mlle Louise BALTHY, des Menus-Plaisirs.	Chansons gaillardes.
Mme Céline CHAUMONT, du Palais-Royal.	Chansons du vieux temps.
Mlle DELNA, de l'Opéra-Comique.	Danses à chanter (pavane, sarabande, passe-pied, gavotte, menuet, bourrée, etc.). Poésies de CATULLE MENDÈS. Musique d'ALFRED BRUNEAU.
Mme JUDIC, des Variétés.	Chanson de Paris.
Mme Alice LAVIGNE et M. Ch. LAMY. du Palais-Royal. des Bouffes.	Chansons des rues et des bois. (Costumes de Chanteurs ambulants).
Mlle MILLY-MEYER, des Menus-Plaisirs.	Chansons du pavé.
Mlle Marguerite UGALDE, des Variétés.	Chansons galantes. (Costumes des XVIe XVIIe XVIIIe et XIXe siècles.)
Mme Emma EAMES, de l'Opéra.	« Recitals of songs ».
Mme Juliette CONNEAU. M. Victor MAUREL, de l'Opéra.	Grandes chansons.
Mme SEGOND WEBER, de l'Odéon. M. HIRCH, du Gymnase.	Chansons de Marie Krysinska.
M. César VITERBO	Chansons étrangères.

Les Causeries ont lieu les Mardis, Jeudis, Vendredis et Samedis, à 3 heures précises.

EXPOSITIONS

DE LA

SAISON 1895

A LA BODINIÈRE

THÉATRE D'APPLICATION, 18, RUE SAINT-LAZARE

HENRY LASSALLE

Secrétaire

F. BAC

Du 26 Mars au 20 Avril

GERVAIS COURTELLEMONT

Du 20 Avril au 30 Avril

LE " CHAT NOIR "

Du 1er Mai au 15 Mai

F. REGAMEY

Du 16 Mai au 15 Juin

H. SIMONIS EMPIS, Éditeur, 21, rue des Petits-Champs, PARIS

COLLECTION DE VOLUMES IN-18 JÉSUS, A 3 FR. 50

La Cour de Berlin, par Pierre de Lano. . . . . 1 vol.
Un Drame aux Tuileries sous le second Empire, par Pierre de Lano. 1 vol.
Après l'Empire, par Pierre de Lano. . . . . 1 vol.
Pages rouges, par Séverine. . . . . 1 vol.
Notes d'une Frondeuse, par Séverine. . . . . 1 vol.
Pages mystiques, par Séverine. . . . . 1 vol.
Intérieurs d'Officiers, par Michel Corday. . . . . . . 1 vol.
Femmes d'Officiers, par Michel Corday. . . . . 1 vol.
L'Animale, par Rachilde. . . . . 1 vol.
Les Enfants s'amusent, par P. Veber et Willy. . . . . 1 vol.
Bains de sons, par l'Ouvreuse du Cirque d'Été. . . . 1 vol.
Lendemain d'amours, par Louis Moriaud. . . . . . . 1 vol.
Elle divorça, par Louis Moriaud. . . . . 1 vol.

Sous Presse :

Carnet d'une Femme, par Pierre de Lano . . . . 1 vol.
Théâtreuses, par Auguste Germain. . . . . 1 vol.
Chantereine, par Georges de Labruyère. . . . . 1 vol.
Snob, par Paul Gavault. . . . . 1 vol.
Les Décorés : *Ceux qui ne le sont pas*, par Frantz Jourdain. . . . . 1 vol.
Entrée de Clownesses, par Félicien Champsaur. . . . 1 vol.

En Préparation :

Mariés jeunes, par Michel Corday. . . . . 1 vol.
L'Amour à Paris sous le second Empire, par Pierre de Lano. . . . . 1 vol.

Les Secrets de beauté d'une Parisienne, par la Marquise de Garches. Un volume in-18 avec couverture en couleurs d'Albert Guillaume . . . . 2 fr. 50
Le Passant, parodie en un acte, par Paul Gavault. . . 1 fr. »
Le Percement de l'isthme de Corinthe, par Durocher, avec 64 dessins de Vignola. Une jolie plaquette in-16. . 1 fr. »

Prix : 1 *franc*

www.ingramcontent.com/pod-product-compliance
Lightning Source LLC
Chambersburg PA
CBHW060559050426
42451CB00011B/1986